The Little Unicorn and Other Stories: Bilingual Swedish-English Stories for Kids

Pomme Bilingual

Published by Pomme Bilingual, 2024.

THE LITTLE UNICORN AND OTHER STORIES: BILINGUAL SWEDISH-ENGLISH STORIES FOR KIDS

First edition. June 29, 2024.

Copyright © 2024 Pomme Bilingual.

ISBN: 979-8227823472

Written by Pomme Bilingual.

Table of Contents

Den Lilla Enhörningen och Drömmen om Regnbågens Land

Det var en gång en liten enhörning som hette Luna. Hon var inte som de andra enhörningarna. Istället för att bo i den glittrande skogen där alla enhörningar bodde, levde Luna på en grön äng precis vid kanten av skogen. Hennes horn glittrade inte lika starkt som de andras, och hennes vingar var lite mindre. Men Luna hade något som de andra enhörningarna inte hade – en oändlig fantasi och en dröm om att hitta Regnbågens Land.

Varje dag, efter att ha ätit frukost med daggdränkta blommor, flög Luna högt upp i skyn. Hon hoppades alltid på att få en glimt av regnbågen som skulle leda henne till det magiska landet. Men trots hennes ihärdiga sökande, hittade hon aldrig rätt väg.

En dag, när Luna låg på ängen och tittade upp mot molnen, hörde hon en svag röst.

"Hej, Luna," sa rösten.

Luna satte sig upp och såg sig omkring. Där, mitt framför henne, stod en liten fjäril med skinande vingar.

"Vem är du?" frågade Luna nyfiket.

"Jag är Bella, den magiska fjärilen," svarade fjärilen. "Jag har hört om din dröm att hitta Regnbågens Land, och jag är här för att hjälpa dig."

Luna kunde knappt tro sina öron. "Verkligen? Kan du verkligen hjälpa mig att hitta Regnbågens Land?"

Bella log och nickade. "Men först måste du följa tre ledtrådar som kommer att testa ditt mod och din vänlighet."

Luna var ivrig och redo. "Jag är redo, Bella. Vad är den första ledtråden?"

Bella flög närmare och viskade: "Första ledtråden finns i den djupa skogen där den gamla eken står. Där måste du hitta en vän som behöver din hjälp."

Luna tackade Bella och flög in i den djupa skogen. Hon hade aldrig varit så långt in förut och allt kändes mystiskt och lite skrämmande. Efter att ha flugit ett tag såg hon en gammal ek. Under trädet satt en liten fågelunge och grät.

"Hej, vad är det som har hänt?" frågade Luna försiktigt.

"Jag har tappat min mamma och jag vet inte hur jag ska hitta hem," snyftade fågelungen.

Luna tänkte på Bellas ord och bestämde sig för att hjälpa fågelungen. Hon lyfte den försiktigt på ryggen och flög upp bland träden. Efter en stunds sökande hittade de fågelungens mamma, och fågelungen blev överlycklig.

"Tack, snälla enhörning," sa fågelungens mamma. "Du är verkligen vänlig och modig."

Luna log och kände sig stolt. När hon återvände till ängen väntade Bella där.

"Du har klarat första ledtråden, Luna. Nu är det dags för den andra," sa Bella.

Den andra ledtråden ledde Luna till en sjö med kristallklart vatten. Där träffade hon en gammal sköldpadda som var för svag för att simma till andra sidan sjön. Luna använde sina magiska krafter för att skapa en bro av regnbågens färger, och sköldpaddan kunde säkert ta sig över.

"Du är så snäll och hjälpsam," sa sköldpaddan. "Jag önskar dig lycka till på din resa."

När Luna återvände till ängen, log Bella stolt. "Nu är det dags för den sista ledtråden," sa hon. "Du måste finna den magiska blomman som bara blommar under fullmånen och använda dess kronblad för att öppna porten till Regnbågens Land."

Luna väntade otåligt på nästa fullmåne. När natten kom, flög hon ut på ängen och letade efter den magiska blomman. Efter en lång sökning hittade hon äntligen blomman, och den lyste upp natten med sitt skimrande ljus. Luna plockade varsamt några kronblad och höll dem nära sitt hjärta.

Med kronbladen i sin hand flög Luna tillbaka till Bella. "Jag har hittat den magiska blomman," sa hon.

Bella log brett. "Då är du redo. Följ mig."

Bella ledde Luna till en glänta där en vacker regnbåge plötsligt dök upp. Luna använde kronbladen för att öppna en port i regnbågen, och en strålande ljusstråle sken igenom. Luna tog ett djupt andetag och gick igenom porten.

På andra sidan fann hon sig själv i ett fantastiskt land med färgsprakande blommor, glittrande floder och en himmel full av stjärnor som blinkade i regnbågens alla färger. Det var Regnbågens Land, precis som hon alltid hade drömt om.

Luna kunde inte hålla tillbaka sina glädjetårar. Hon hade äntligen hittat sitt drömland, och hon visste att hennes mod och vänlighet hade lett henne dit. Från den dagen visste Luna att inget var omöjligt, och hon spenderade resten av sina dagar med att utforska Regnbågens Land och hjälpa andra som behövde det.

Och så levde Luna lyckligt i alla sina dagar, omgiven av magi och vänskap i Regnbågens Land.

The Little Unicorn and the Dream of the Rainbow Land

Once upon a time, there was a little unicorn named Luna. She was not like the other unicorns. Instead of living in the glittering forest where all the unicorns resided, Luna lived on a green meadow right at the edge of the forest. Her horn didn't sparkle as brightly as the others, and her wings were a bit smaller. But Luna had something that the other unicorns did not have – an endless imagination and a dream of finding the Rainbow Land.

Every day, after having breakfast with dew-drenched flowers, Luna flew high up into the sky. She always hoped to catch a glimpse of the rainbow that would lead her to the magical land. But despite her persistent search, she never found the right way.

One day, as Luna lay on the meadow looking up at the clouds, she heard a faint voice.

"Hello, Luna," said the voice.

Luna sat up and looked around. There, right in front of her, stood a little butterfly with shining wings.

"Who are you?" Luna asked curiously.

"I am Bella, the magical butterfly," replied the butterfly. "I have heard about your dream to find the Rainbow Land, and I am here to help you."

Luna could hardly believe her ears. "Really? Can you really help me find the Rainbow Land?"

Bella smiled and nodded. "But first, you must follow three clues that will test your courage and kindness."

Luna was eager and ready. "I am ready, Bella. What is the first clue?"

Bella flew closer and whispered, "The first clue is in the deep forest where the old oak stands. There you must find a friend who needs your help."

Luna thanked Bella and flew into the deep forest. She had never been this far in before, and everything felt mysterious and a little scary. After flying for a while, she saw an old oak tree. Under the tree sat a little bird crying.

"Hi, what's wrong?" Luna asked gently.

"I lost my mom and I don't know how to find my way home," the little bird sobbed.

Luna remembered Bella's words and decided to help the little bird. She gently lifted the bird onto her back and flew up among the trees. After some searching, they found the bird's mother, and the little bird was overjoyed.

"Thank you, kind unicorn," said the bird's mother. "You are truly kind and brave."

Luna smiled and felt proud. When she returned to the meadow, Bella was waiting there.

"You have passed the first clue, Luna. Now it is time for the second," Bella said.

The second clue led Luna to a lake with crystal-clear water. There she met an old turtle who was too weak to swim to the other side of the lake. Luna used her magical powers to create a bridge of rainbow colors, and the turtle could safely cross.

"You are so kind and helpful," said the turtle. "I wish you luck on your journey."

When Luna returned to the meadow, Bella smiled proudly. "Now it is time for the final clue," she said. "You must find the magical flower that only blooms under the full moon and use its petals to open the gate to the Rainbow Land."

Luna waited impatiently for the next full moon. When the night came, she flew out to the meadow and searched for the magical flower. After a long search, she finally found the flower, and it lit up the night with its shimmering light. Luna carefully picked some petals and held them close to her heart.

With the petals in her hand, Luna flew back to Bella. "I found the magical flower," she said.

Bella smiled widely. "Then you are ready. Follow me."

Bella led Luna to a clearing where a beautiful rainbow suddenly appeared. Luna used the petals to open a gate in the rainbow, and a brilliant beam of light shone through. Luna took a deep breath and stepped through the gate.

On the other side, she found herself in a fantastic land with colorful flowers, sparkling rivers, and a sky full of stars twinkling in all the colors of the rainbow. It was the Rainbow Land, just as she had always dreamed of.

Luna couldn't hold back her tears of joy. She had finally found her dreamland, and she knew that her courage and kindness had led her there. From that day on, Luna knew that nothing was impossible, and she spent the rest of her days exploring the Rainbow Land and helping others who needed it.

And so Luna lived happily ever after, surrounded by magic and friendship in the Rainbow Land.

Kapten Svartskäggs Förlorade Skatt

———

Det var en gång en liten pojke som hette Tim. Tim älskade allt som hade med pirater att göra. Han hade en träsvärd, en pirathatt och en karta över världshaven som täckte hela hans sovrumsvägg. Hans största dröm var att en dag segla på de öppna haven som en riktig pirat.

En dag, när Tim var ute och lekte vid stranden, snubblade han över något hårt i sanden. Han grävde fram det och fann en gammal, rostig kista. Spänningen steg i hans bröst när han öppnade locket och fann en gammal pergamentrulle inuti. Det var en skattkarta! Tim visste genast vad han måste göra.

Han rusade hem, fyllde sin ryggsäck med förnödenheter och sprang tillbaka till stranden. Tim visste att han behövde ett skepp. Som tur var, fanns det en liten båt som tillhörde hans farbror, och Tim visste precis hur han skulle segla den.

Tim hissade seglen och gav sig av mot det stora äventyret. Med skattkartan i handen och vinden i seglen, kände han sig som den mest modiga piraten i världen. På kartan stod det att skatten tillhörde den ökände Kapten Svartskägg och var gömd på en avlägsen ö mitt ute i havet.

Efter flera dagar till sjöss, med bara månen och stjärnorna som vägledning, nådde Tim äntligen ön som var markerad på kartan. Ön var täckt av tjock djungel och höga palmer som svajade i vinden. Tim knöt fast båten och började utforska.

Kartan ledde honom genom tät vegetation, förbi ormbunkar och över små bäckar. Efter vad som kändes som timmar kom Tim till en glänta. Där, mitt i gläntan, stod en enorm stenstaty av Kapten Svartskägg. Tim visste att han var nära.

Under statyn hittade han en inskription: "Den som vill ha skatten måste lösa gåtan." Gåtan löd: "Jag är inte levande, men jag växer; jag har inte lungor, men jag behöver luft. Vad är jag?" Tim tänkte och tänkte. Sedan, med ett brett leende, ropade han: "Ett träd!"

Plötsligt började marken skaka och en hemlig lucka öppnades framför statyn. Tim klättrade ner genom luckan och fann sig själv i en mörk tunnel. Han tände sin ficklampa och följde tunneln tills han kom till en stor grotta. I mitten av grottan fanns en gigantisk skattkista, prydd med gyllene sniderier.

Tim öppnade kistan och hans ögon blev stora som tefat. Där inne fanns guldmynt, ädelstenar och pärlor i överflöd. Men det mest värdefulla han fann var en gammal dagbok. Det var Kapten Svartskäggs egen dagbok, full av berättelser om hans äventyr och hemligheter.

Tim visste att han inte kunde ta allt själv. Han fyllde sin ryggsäck med några mynt och ädelstenar och tog med sig dagboken. Sedan stängde han kistan och begav sig tillbaka till sin båt. Han kände att det var hans plikt att dela skatten med världen.

När Tim kom hem, berättade han om sitt äventyr för sina föräldrar. Ingen trodde honom först, men när han visade dem dagboken och ädelstenarna, kunde de inte neka hans historia.

Tim blev snabbt en lokal hjälte, och hans berättelse om Kapten Svartskäggs skatt spreds över hela landet.

Men för Tim var den största skatten inte guldet eller ädelstenarna. Det var äventyret, modet och den kunskap han hade fått. Och så fortsatte han att drömma om nya äventyr, med vetskapen om att världen var full av oupptäckta skatter och spännande mysterier.

Captain Blackbeard's Lost Treasure

Once upon a time, there was a little boy named Tim. Tim loved everything to do with pirates. He had a wooden sword, a pirate hat, and a map of the world's oceans covering his bedroom wall. His biggest dream was to one day sail the open seas like a real pirate.

One day, while Tim was playing on the beach, he stumbled upon something hard in the sand. He dug it up and found an old, rusty chest. His excitement grew as he opened the lid and found an old parchment scroll inside. It was a treasure map! Tim knew immediately what he had to do.

He rushed home, packed his backpack with supplies, and ran back to the beach. Tim knew he needed a ship. Fortunately, his uncle had a small boat, and Tim knew exactly how to sail it.

Tim hoisted the sails and set off on his great adventure. With the treasure map in hand and the wind in his sails, he felt like the bravest pirate in the world. The map said that the treasure belonged to the notorious Captain Blackbeard and was hidden on a distant island in the middle of the ocean.

After several days at sea, guided only by the moon and stars, Tim finally reached the island marked on the map. The island was covered in thick jungle and tall palms swaying in the wind. Tim tied up the boat and began exploring.

The map led him through dense vegetation, past ferns and over small streams. After what felt like hours, Tim came to a clearing. There, in the middle of the clearing, stood an enormous stone statue of Captain Blackbeard. Tim knew he was close.

Under the statue, he found an inscription: "He who wants the treasure must solve the riddle." The riddle read: "I am not alive, but I grow; I have no lungs, but I need air. What am I?" Tim thought and thought. Then, with a broad smile, he shouted, "A tree!"

Suddenly, the ground began to shake and a secret hatch opened in front of the statue. Tim climbed down through the hatch and found himself in a dark tunnel. He lit his flashlight and followed the tunnel until he came to a large cave. In the middle of the cave was a gigantic treasure chest, adorned with golden carvings.

Tim opened the chest and his eyes grew as wide as saucers. Inside were gold coins, gems, and pearls in abundance. But the most valuable thing he found was an old journal. It was Captain Blackbeard's own journal, full of stories of his adventures and secrets.

Tim knew he couldn't take it all by himself. He filled his backpack with some coins and gems and took the journal with him. Then he closed the chest and headed back to his boat. He felt it was his duty to share the treasure with the world.

When Tim came home, he told his parents about his adventure. No one believed him at first, but when he showed them the journal and the gems, they couldn't deny his story. Tim quickly became a local hero, and his tale of Captain Blackbeard's treasure spread across the country.

But for Tim, the greatest treasure was not the gold or gems. It was the adventure, the courage, and the knowledge he had gained. And so he continued to dream of new adventures, knowing that the world was full of undiscovered treasures and exciting mysteries.

Den Magiska Pizzabagaren

Det var en gång en liten stad som hette Gläntbyn. I denna lilla stad fanns en pizzabutik som hette "Pappa Peppinos Pizzeria". Pappa Peppino var stadens älskade pizzabagare, känd för sina fantastiska pizzor som alla älskade. Men det var inte bara pizzorna som gjorde honom speciell, utan något mycket hemligt.

Pappa Peppino hade en magisk ingrediens som ingen visste om. Varje gång han bakade en pizza, strödde han lite magiskt pulver över degen, och vips, pizzan blev alldeles speciell. Detta pulver hade han fått av sin farfar, som hade varit en berömd trollkarl.

En dag, när Pappa Peppino bakade en pizza till den lilla flickan Sofia, råkade han använda för mycket av det magiska pulvret. När Sofia tog en tugga av sin pizza, hände något otroligt. Hon började sväva upp i luften!

"Sofia, vad gör du där uppe?" ropade Pappa Peppino skrämt.

"Jag vet inte, men jag kan flyga!" skrattade Sofia och flög runt i pizzabutiken.

Snart spreds nyheten om den flygande flickan över hela Gläntbyn, och alla ville ha en magisk pizza. Pappa Peppino insåg att han behövde vara mycket försiktig med det magiska pulvret. Han bestämde sig för att bara använda en mycket liten mängd för att ge sina pizzor en liten magisk touch utan att få människor att flyga.

En dag kom en mystisk man in i pizzerian. Han hade en lång svart kappa och en hatt som täckte hans ansikte. Han presenterade sig som Herr Svart och sa att han hade hört talas om de magiska pizzorna.

"Jag vill ha en pizza med extra magi," sa Herr Svart och log underligt.

Pappa Peppino kände sig inte helt bekväm med mannen, men han ville inte göra någon besviken. Han bakade en pizza och strödde lite magiskt pulver över den. Herr Svart tog en tugga och hans ögon lyste upp.

"Perfekt," sa han. "Nu ska jag använda din magi för mina egna planer."

Innan Pappa Peppino hann stoppa honom, försvann Herr Svart i en puff av rök. Pappa Peppino förstod att han hade gjort ett stort misstag. Han måste hitta Herr Svart och stoppa honom från att använda magin till något ondskefullt.

Pappa Peppino samlade sina saker och begav sig ut på ett äventyr för att hitta Herr Svart. Han visste att han behövde hjälp och gick till Sofias hus.

"Sofia, jag behöver din hjälp. En ond man har tagit lite av mitt magiska pulver och jag måste stoppa honom," sa Pappa Peppino.

Sofia var modig och bestämde sig för att följa med. Tillsammans begav de sig ut på en resa som ledde dem genom skogar, över berg och genom mörka grottor. På vägen träffade de en pratande ekorre som hette Ernie.

"Jag har sett Herr Svart. Han gick den vägen," sa Ernie och pekade med sin lilla tass.

"Vi måste skynda oss," sa Sofia.

Efter många äventyr och faror, kom de till en stor slott. Där, i en mörk sal, stod Herr Svart och blandade det magiska pulvret i en stor kittel.

"Stoppa honom!" ropade Pappa Peppino.

Sofia flög över till Herr Svart och snappade upp pulvret. Pappa Peppino använde sin magi för att skapa en skyddande bubbla runt dem.

"Du kan inte använda magin för onda syften," sa Pappa Peppino bestämt.

Herr Svart försökte kämpa emot, men med Sofias hjälp lyckades de övermanna honom och återta det magiska pulvret. Herr Svart försvann i en puff av rök, och Pappa Peppino och Sofia återvände hem till Gläntbyn.

När de kom tillbaka till pizzerian, hade hela staden samlats för att välkomna dem. Pappa Peppino bestämde sig för att inte längre använda det magiska pulvret i sina pizzor. Istället använde han sin skicklighet och kärlek till matlagning för att göra de bästa pizzorna i världen.

Och så, varje kväll, samlades invånarna i Gläntbyn på Pappa Peppinos Pizzeria för att njuta av hans fantastiska pizzor och höra berättelsen om hur han och Sofia hade räddat staden från Herr Svarts onda planer.

The Magical Pizza Chef

Once upon a time, in a small town called Gläntbyn, there was a pizza shop named "Papa Peppino's Pizzeria". Papa Peppino was the town's beloved pizza chef, known for his fantastic pizzas that everyone loved. But it wasn't just the pizzas that made him special; he had a secret.

Papa Peppino had a magical ingredient that no one knew about. Every time he baked a pizza, he sprinkled a little magic powder over the dough, and voila, the pizza became extraordinary. This powder was given to him by his grandfather, who had been a famous wizard.

One day, when Papa Peppino was making a pizza for a little girl named Sofia, he accidentally used too much of the magic powder. When Sofia took a bite of her pizza, something incredible happened. She started floating up into the air!

"Sofia, what are you doing up there?" Papa Peppino shouted in alarm.

"I don't know, but I can fly!" laughed Sofia, flying around the pizza shop.

Soon, news of the flying girl spread throughout Gläntbyn, and everyone wanted a magic pizza. Papa Peppino realized he needed to be very careful with the magic powder. He decided to use only a very small amount to give his pizzas a little magical touch without making people fly.

One day, a mysterious man entered the pizzeria. He wore a long black coat and a hat that covered his face. He introduced himself as Mr. Black and said he had heard about the magical pizzas.

"I want a pizza with extra magic," said Mr. Black, smiling oddly.

Papa Peppino felt uneasy about the man, but he didn't want to disappoint anyone. He baked a pizza and sprinkled a little magic powder over it. Mr. Black took a bite, and his eyes lit up.

"Perfect," he said. "Now I will use your magic for my own plans."

Before Papa Peppino could stop him, Mr. Black disappeared in a puff of smoke. Papa Peppino knew he had made a big mistake. He had to find Mr. Black and stop him from using the magic for evil purposes.

Papa Peppino gathered his things and set out on an adventure to find Mr. Black. He knew he needed help and went to Sofia's house.

"Sofia, I need your help. A bad man has taken some of my magic powder, and I must stop him," said Papa Peppino.

Sofia was brave and decided to go with him. Together, they set out on a journey that led them through forests, over mountains, and through dark caves. Along the way, they met a talking squirrel named Ernie.

"I've seen Mr. Black. He went that way," said Ernie, pointing with his tiny paw.

"We must hurry," said Sofia.

After many adventures and dangers, they came to a large castle. There, in a dark hall, stood Mr. Black, mixing the magic powder in a large cauldron.

"Stop him!" shouted Papa Peppino.

Sofia flew over to Mr. Black and snatched the powder. Papa Peppino used his magic to create a protective bubble around them.

"You can't use the magic for evil purposes," said Papa Peppino firmly.

Mr. Black tried to fight back, but with Sofia's help, they managed to overpower him and reclaim the magic powder. Mr. Black disappeared in a puff of smoke, and Papa Peppino and Sofia returned home to Gläntbyn.

When they returned to the pizzeria, the entire town had gathered to welcome them. Papa Peppino decided not to use the magic powder in his pizzas anymore. Instead, he used his skill and love for cooking to make the best pizzas in the world.

And so, every evening, the residents of Gläntbyn gathered at Papa Peppino's Pizzeria to enjoy his fantastic pizzas and hear the story of how he and Sofia had saved the town from Mr. Black's evil plans.

Den Mystiska Sjöjungfrun och Hemligheten i Djupet

Det var en gång en liten by vid havet som hette Sjövik. Byn var känd för sina vackra stränder och det kristallklara vattnet som glittrade som diamanter i solskenet. Men det fanns också en mystisk legend som spreds bland byns invånare – legenden om en sjöjungfru som bodde i de djupaste delarna av havet.

I Sjövik bodde en pojke vid namn Emil. Emil var inte som alla andra barn i byn. Han älskade att simma och spenderade varje ledig stund i vattnet. Han var också otroligt nyfiken och älskade att höra de gamla historierna om sjöjungfrun. Hans farmor brukade berätta för honom om sjöjungfrun som sades ha en magisk pärla som kunde uppfylla önskningar.

En dag, när Emil simmade långt ut i havet, såg han något som glimmade på havsbotten. Han dök ner och fann en gammal flaskpost. Inuti flaskan låg ett meddelande: "Hjälp mig, jag är fångad i en undervattensgrotta. -Sjöjungfrun".

Emil kunde knappt tro sina ögon. Han visste att han var tvungen att rädda sjöjungfrun. Han tog flaskan och simmade så snabbt han kunde tillbaka till land. Han visade meddelandet för sin farmor, som gav honom en gammal karta över havet med markeringar av farliga platser och dolda skatter.

"Var försiktig, Emil. Legenderna säger att det finns många faror i de djupaste delarna av havet," varnade farmor.

Men Emil var modig och beslutsam. Nästa morgon begav han sig ut på sitt äventyr. Han följde kartan som ledde honom genom undervattensskogar av kelp, förbi färgglada fiskar och korallrev som gnistrade som juveler.

Efter timmar av simmande nådde Emil en mörk och hotfull grotta. Hjärtat bultade hårt i hans bröst, men han samlade sitt mod och simmade in i grottan. Djupare in i grottan blev vattnet kallare och mörkare, men plötsligt såg han ett svagt ljus. Han följde ljuset och fann sjöjungfrun.

Hon var vacker, med långt, böljande hår och en glittrande fiskstjärt. Men hon såg också rädd och ledsen ut. Hennes fenor var intrasslade i ett nät.

"Hjälp mig, snälla," bad sjöjungfrun. "Jag heter Marina. Jag blev fångad i detta nät och kan inte komma loss."

Emil skyndade sig att hjälpa henne. Han lossade nätet från hennes fenor och snart var hon fri. Marina log tacksamt och sa, "Som tack för att du räddade mig, vill jag ge dig något mycket speciellt." Hon tog fram en vacker pärla som skimrade i regnbågens alla färger.

"Detta är en magisk pärla," förklarade Marina. "Den kan uppfylla en önskan. Använd den klokt."

Emil tog emot pärlan och funderade på vad han skulle önska sig. Han tänkte på sin by och hur hårt alla arbetade varje dag. Han önskade att alla i Sjövik kunde ha det bra och vara lyckliga.

Plötsligt började pärlan lysa starkare och ett mjukt sken spred sig över havet. När Emil och Marina simmade tillbaka till ytan, såg de att hela byn glittrade och strålade. Husen såg nyare ut, fälten var gröna och frodiga, och invånarna skrattade och firade på stranden.

"Din önskan har blivit uppfylld," sa Marina med ett leende. "Din godhet har gjort detta möjligt."

Emil tackade Marina och lovade att alltid vara en vän till havet och dess invånare. Marina vinkade farväl och dök ner i havets djup igen, men Emil visste att han alltid kunde lita på henne om han någonsin behövde hjälp.

Från den dagen blev Emil en hjälte i Sjövik. Han berättade för alla om sitt äventyr och sjöjungfrun Marina. Invånarna i byn hade fått nytt hopp och levde i harmoni med havet, tacksamma för den magiska pärlan och den modiga pojken som hade räddat dem.

Och så levde Emil och invånarna i Sjövik lyckliga, alltid med vetskapen om att magi och vänskap kunde övervinna alla faror och svårigheter.

The Mysterious Mermaid and the Secret in the Depths

Once upon a time, there was a small village by the sea called Sjövik. The village was known for its beautiful beaches and the crystal-clear water that sparkled like diamonds in the sunlight. But there was also a mysterious legend that spread among the villagers – the legend of a mermaid who lived in the deepest parts of the sea.

In Sjövik, there lived a boy named Emil. Emil was not like the other children in the village. He loved to swim and spent every free moment in the water. He was also incredibly curious and loved hearing the old stories about the mermaid. His grandmother used to tell him about the mermaid who was said to have a magic pearl that could grant wishes.

One day, while Emil was swimming far out in the sea, he saw something glimmering on the sea floor. He dived down and found an old bottle with a message inside. The message read: "Help me, I am trapped in an underwater cave. -The Mermaid".

Emil could hardly believe his eyes. He knew he had to rescue the mermaid. He took the bottle and swam as fast as he could back to shore. He showed the message to his grandmother, who gave him an old map of the sea marked with dangerous places and hidden treasures.

"Be careful, Emil. The legends say there are many dangers in the deepest parts of the sea," warned his grandmother.

But Emil was brave and determined. The next morning, he set out on his adventure. He followed the map that led him through underwater forests of kelp, past colorful fish and coral reefs that sparkled like jewels.

After hours of swimming, Emil reached a dark and ominous cave. His heart pounded in his chest, but he gathered his courage and swam into the cave. Deeper into the cave, the water became colder and darker, but suddenly he saw a faint light. He followed the light and found the mermaid.

She was beautiful, with long, flowing hair and a shimmering fish tail. But she also looked scared and sad. Her fins were tangled in a net.

"Help me, please," begged the mermaid. "My name is Marina. I got caught in this net and can't get free."

Emil rushed to help her. He untangled the net from her fins and soon she was free. Marina smiled gratefully and said, "As thanks for saving me, I want to give you something very special." She brought out a beautiful pearl that shimmered in all the colors of the rainbow.

"This is a magic pearl," explained Marina. "It can grant one wish. Use it wisely."

Emil took the pearl and thought about what he should wish for. He thought of his village and how hard everyone worked every day. He wished that everyone in Sjövik could be well and happy.

Suddenly, the pearl began to glow brighter and a soft light spread across the sea. When Emil and Marina swam back to the surface, they saw that the entire village was sparkling and radiant. The houses looked newer, the fields were green and lush, and the villagers were laughing and celebrating on the beach.

"Your wish has been granted," said Marina with a smile. "Your kindness has made this possible."

Emil thanked Marina and promised to always be a friend to the sea and its inhabitants. Marina waved goodbye and dove back into the depths of the sea, but Emil knew he could always count on her if he ever needed help.

From that day on, Emil became a hero in Sjövik. He told everyone about his adventure and the mermaid Marina. The villagers had newfound hope and lived in harmony with the sea, grateful for the magic pearl and the brave boy who had saved them.

And so, Emil and the villagers of Sjövik lived happily, always knowing that magic and friendship could overcome any danger and difficulty.

Den Mystiska Blomälvan och Trädgårdens Hemlighet

Det var en gång en liten by som hette Blomvik. Byn var omgiven av de mest underbara trädgårdar, fyllda med blommor i alla regnbågens färger. Mitt i byn fanns en gammal trädgård som alla pratade om men som ingen vågade besöka. Den kallades "Blomälvans trädgård" och sägs vara magisk.

I Blomvik bodde en flicka som hette Alva. Alva älskade blommor och spenderade sina dagar med att plocka dem och göra vackra buketter. Hon hade alltid varit nyfiken på den gamla trädgården och de mystiska berättelserna om blomälvan som sades vakta den.

En solig dag bestämde sig Alva för att hon skulle utforska trädgården. Hon smög sig dit och kikade genom den rostiga grinden. Det hon såg var förtrollande. Blommorna var större och färggladare än några hon någonsin sett. Med ett djupt andetag öppnade hon grinden och klev in.

När hon gick längre in i trädgården, hörde hon ett mjukt skratt. Hon följde ljudet och fann en liten älva sittande på en blomma. Älvan hade vingar som skimrade i solljuset och en klänning gjord av blomblad.

"Hej där!" sa älvan glatt. "Jag heter Flora. Vem är du?"

"Jag heter Alva," svarade Alva förundrat. "Jag trodde inte att blomälvor fanns på riktigt."

"Oh, vi finns! Vi bara visar oss inte för alla," skrattade Flora. "Vad gör du här i min trädgård?"

"Jag har alltid varit nyfiken på denna plats," erkände Alva. "Den är så vacker."

Flora log och flög ner till Alva. "Vill du veta en hemlighet?" viskade hon. "Denna trädgård är magisk. Men den magin är i fara. En ond trollkarl har förtrollat blommorna och om vi inte bryter förtrollningen, kommer de att vissna och dö."

Alva kände en våg av beslutsamhet. "Hur kan jag hjälpa till?" frågade hon.

"Vi måste hitta trollkarlens hemliga amulett," förklarade Flora. "Den är gömd någonstans i trädgården. Utan den kan vi inte bryta förtrollningen."

Tillsammans började de söka genom trädgården. De letade under stora löv, i blomsterbäddar och bland buskar. Medan de letade berättade Flora för Alva om trädgårdens historia och alla magiska varelser som bodde där.

Efter timmar av sökande hittade Alva något glittrande under en rosenbuske. Det var en liten amulett i form av en blomma.

"Vi hittade den!" utropade Alva.

Flora flög upp och tog amuletten. "Nu måste vi använda den för att bryta förtrollningen," sa hon. "Följ mig!"

De gick till trädgårdens mitt där en stor fontän stod. Flora höll upp amuletten och mumlade några magiska ord. Plötsligt började fontänen lysa och en våg av magisk energi spred sig genom trädgården. Blommorna som hade börjat vissna reste sig igen, och deras färger blev starkare än någonsin.

"Du gjorde det!" ropade Flora. "Trädgården är räddad tack vare dig, Alva."

Alva log brett. "Jag är så glad att jag kunde hjälpa."

Flora flög upp och gav Alva en liten blomma. "Denna blomma är magisk. Den kommer alltid att påminna dig om vårt äventyr och vår vänskap."

Alva tog emot blomman och kände sig stolt över vad hon hade åstadkommit. Hon vinkade farväl till Flora och lovade att besöka trädgården ofta.

När Alva kom hem, berättade hon för byborna om sitt äventyr och hur hon hade räddat trädgården. Byn fylldes med glädje och beundran för Alvas mod och godhet.

Och så, varje dag, besökte Alva och byborna Blomälvans trädgård, nu en plats fylld med glädje och magi. De visste att så länge de tog hand om den och trodde på dess magi, skulle trädgården alltid blomstra.

The Mysterious Flower Fairy and the Garden's Secret

Once upon a time, there was a small village called Blomvik. The village was surrounded by the most wonderful gardens, filled with flowers in every color of the rainbow. In the center of the village was an old garden that everyone talked about but no one dared to visit. It was called "The Flower Fairy's Garden" and was said to be magical.

In Blomvik lived a girl named Alva. Alva loved flowers and spent her days picking them and making beautiful bouquets. She had always been curious about the old garden and the mysterious stories about the flower fairy who was said to guard it.

One sunny day, Alva decided she would explore the garden. She snuck there and peeked through the rusty gate. What she saw was enchanting. The flowers were bigger and more colorful than any she had ever seen. Taking a deep breath, she opened the gate and stepped inside.

As she walked further into the garden, she heard a soft laugh. She followed the sound and found a tiny fairy sitting on a flower. The fairy had wings that shimmered in the sunlight and a dress made of flower petals.

"Hello there!" said the fairy cheerfully. "My name is Flora. Who are you?"

"My name is Alva," replied Alva in awe. "I didn't think flower fairies were real."

"Oh, we are! We just don't show ourselves to everyone," laughed Flora. "What are you doing in my garden?"

"I've always been curious about this place," admitted Alva. "It's so beautiful."

Flora smiled and flew down to Alva. "Do you want to know a secret?" she whispered. "This garden is magical. But its magic is in danger. An evil wizard has cursed the flowers, and if we don't break the curse, they will wither and die."

Alva felt a surge of determination. "How can I help?" she asked.

"We need to find the wizard's secret amulet," explained Flora. "It's hidden somewhere in the garden. Without it, we can't break the curse."

Together, they began to search through the garden. They looked under large leaves, in flower beds, and among bushes. As they searched, Flora told Alva about the garden's history and all the magical creatures that lived there.

After hours of searching, Alva found something glittering under a rose bush. It was a small amulet shaped like a flower.

"We found it!" exclaimed Alva.

Flora flew up and took the amulet. "Now we must use it to break the curse," she said. "Follow me!"

They went to the center of the garden where a large fountain stood. Flora held up the amulet and muttered some magical words. Suddenly, the fountain began to glow and a wave of magical energy spread through the garden. The flowers that had started to wither stood tall again, and their colors became brighter than ever.

"You did it!" shouted Flora. "The garden is saved thanks to you, Alva."

Alva beamed. "I'm so happy I could help."

Flora flew up and gave Alva a small flower. "This flower is magical. It will always remind you of our adventure and our friendship."

Alva took the flower and felt proud of what she had accomplished. She waved goodbye to Flora and promised to visit the garden often.

When Alva returned home, she told the villagers about her adventure and how she had saved the garden. The village was filled with joy and admiration for Alva's bravery and kindness.

And so, every day, Alva and the villagers visited the Flower Fairy's garden, now a place filled with joy and magic. They knew that as long as they took care of it and believed in its magic, the garden would always thrive.

Den Modiga Kaninen och Den Förlorade Skatten

———

Det var en gång en liten kanin som hette Felix. Felix bodde i en mysig håla under ett stort ekträd i en glänta i skogen. Han var en mycket nyfiken och äventyrslysten kanin, alltid på jakt efter något spännande att upptäcka. Men mest av allt älskade Felix historier om gömda skatter och bortglömda hemligheter.

En dag, medan Felix var ute och letade efter färska morötter, stötte han på något mycket ovanligt – en gammal, dammig karta som låg gömd under några löv. Kartan var sliten och hade mystiska symboler och en stor röd "X" markerad mitt på den.

"Hmm," tänkte Felix för sig själv, "det här ser ut som en skattkarta!"

Med hjärtat bultande av spänning skyndade Felix hem för att visa kartan för sin bästa vän, ekorren Stella. Stella var känd för sitt skarpa intellekt och sina snabba tassar, och hon älskade också äventyr.

"Stella, titta på det här!" ropade Felix när han kom fram till Stellas träd.

Stella klättrade ner och tog en närmare titt på kartan. "Felix, det här är verkligen en skattkarta! Ser du den stora 'X':et? Det betyder att skatten är begravd där!"

"Vi måste hitta den!" sa Felix ivrigt. "Tänk om vi hittar en gammal piratskatt eller något annat fantastiskt!"

Så med kartan i handen och deras nyfikenhet som vägledare, begav sig Felix och Stella ut på sitt stora äventyr. Kartan ledde dem genom den täta skogen, över bäckar och genom öppna ängar.

Efter några timmar nådde de en stor klippa med en smal grotta längst ner. Kartan visade att de skulle gå in i grottan för att hitta skatten. Felix och Stella tvekade lite, men deras äventyrslust var starkare än deras rädsla.

"Ingen tid att förlora," sa Felix bestämt. "Låt oss gå in."

Inne i grottan var det mörkt och kallt. Deras tassar ekade mot stenarna medan de långsamt tog sig framåt. Plötsligt hörde de ett svagt pipande ljud.

"Vad var det?" viskade Stella nervöst.

"Jag vet inte," svarade Felix, "men vi måste vara försiktiga."

De följde ljudet och fann en liten mus som satt fast i en fälla. Felix och Stella hjälpte snabbt den lilla musen loss.

"Tack så mycket!" sa musen tacksamt. "Jag heter Max. Vad gör ni här inne i den här läskiga grottan?"

"Vi letar efter en skatt," förklarade Felix och visade kartan för Max.

"Åh, den där kartan," sa Max och nickade. "Jag har hört talas om den. Skatten är skyddad av en gammal förbannelse. Men om ni är modiga och har rena hjärtan, kommer ni att kunna hitta den."

Felix och Stella tackade Max och fortsatte djupare in i grottan. Efter att ha gått en bit till såg de något glittra i skenet från deras ficklampa. Det var en gammal träkista, täckt av damm och spindelväv.

"Vi hittade den!" utropade Felix.

De öppnade försiktigt kistan och inuti fann de inte bara guld och juveler, utan också en gammal bok. På bokens framsida stod det "Den Förlorade Visdomens Bok".

"Det här är fantastisk!" sa Stella. "Den här boken kan innehålla all slags hemlig kunskap!"

Felix och Stella tog skatten och boken med sig tillbaka till deras glänta. De delade skatten med alla sina vänner i skogen, och de använde visdomen från boken för att göra livet bättre för alla i deras samhälle.

Och så, tack vare Felix och Stellas mod och äventyrslust, levde djuren i skogen lyckliga och i harmoni. Och varje gång Felix tittade på den gamla kartan, mindes han att mod och vänskap kan leda till de mest fantastiska upptäckter.

The Brave Rabbit and the Lost Treasure

Once upon a time, there was a little rabbit named Felix. Felix lived in a cozy burrow under a big oak tree in a clearing in the forest. He was a very curious and adventurous rabbit, always on the lookout for something exciting to discover. But most of all, Felix loved stories about hidden treasures and forgotten secrets.

One day, while Felix was out looking for fresh carrots, he stumbled upon something very unusual – an old, dusty map hidden under some leaves. The map was tattered and had mysterious symbols and a large red "X" marked in the middle.

"Hmm," Felix thought to himself, "this looks like a treasure map!"

With his heart pounding with excitement, Felix hurried home to show the map to his best friend, a squirrel named Stella. Stella was known for her sharp intellect and quick paws, and she loved adventures too.

"Stella, look at this!" Felix shouted as he reached Stella's tree.

Stella climbed down and took a closer look at the map. "Felix, this is really a treasure map! Do you see the big 'X'? It means the treasure is buried there!"

"We have to find it!" said Felix eagerly. "What if we find an old pirate's treasure or something else amazing!"

So, with the map in hand and their curiosity as their guide, Felix and Stella set off on their big adventure. The map led them through the dense forest, across streams, and through open meadows.

After a few hours, they reached a large cliff with a narrow cave at the bottom. The map showed that they should go into the cave to find the treasure. Felix and Stella hesitated a little, but their sense of adventure was stronger than their fear.

"No time to lose," said Felix resolutely. "Let's go in."

Inside the cave, it was dark and cold. Their paws echoed against the stones as they slowly moved forward. Suddenly, they heard a faint squeaking sound.

"What was that?" whispered Stella nervously.

"I don't know," replied Felix, "but we must be careful."

They followed the sound and found a little mouse trapped in a snare. Felix and Stella quickly helped the little mouse free.

"Thank you so much!" said the mouse gratefully. "My name is Max. What are you doing here in this scary cave?"

"We're looking for a treasure," explained Felix, showing the map to Max.

"Oh, that map," said Max, nodding. "I've heard about it. The treasure is protected by an old curse. But if you are brave and have pure hearts, you will be able to find it."

Felix and Stella thanked Max and continued deeper into the cave. After walking a bit further, they saw something glittering in the light of their flashlight. It was an old wooden chest, covered in dust and cobwebs.

"We found it!" exclaimed Felix.

They carefully opened the chest and inside they found not only gold and jewels but also an old book. On the cover of the book, it said "The Book of Lost Wisdom".

"This is amazing!" said Stella. "This book might contain all sorts of secret knowledge!"

Felix and Stella took the treasure and the book back to their clearing. They shared the treasure with all their friends in the forest, and they used the wisdom from the book to make life better for everyone in their community.

And so, thanks to Felix and Stella's bravery and sense of adventure, the animals in the forest lived happily and in harmony. And every time Felix looked at the old map, he remembered that courage and friendship could lead to the most fantastic discoveries.

Prinsessan Evelinas Stora Äventyr

Det var en gång en liten prinsessa som hette Evelina. Hon bodde i ett stort slott på toppen av en grön kulle, omgiven av en vacker trädgård fylld med blommor och träd. Evelina var en glad och modig flicka som älskade att utforska världen omkring sig. Men livet i slottet kunde ibland bli lite tråkigt, och Evelina drömde ofta om stora äventyr.

En dag när Evelina lekte i slottsträdgården, upptäckte hon något märkligt. Bakom en tät häck hittade hon en gammal träport som hon aldrig hade sett förut. Nyfiken som hon var, öppnade hon porten och klev in. På andra sidan porten fanns en hemlig stig som slingrade sig djupt in i skogen.

"Det här är början på mitt stora äventyr," tänkte Evelina för sig själv och började följa stigen.

Efter en stund hörde hon ett svagt rop på hjälp. Hon skyndade sig i riktning mot ljudet och fann en liten uggla som satt fast i ett nät.

"Snälla, hjälp mig!" pep ugglan förtvivlat.

Evelina tvekade inte en sekund. Hon lossade snabbt nätet och befriade ugglan. "Tack så mycket," sa ugglan. "Jag heter Orla. Vad heter du?"

"Jag heter Evelina," svarade prinsessan. "Vad gjorde du i nätet?"

"Jag letade efter min vän, ekorren Sammy," förklarade Orla. "Han har varit försvunnen i flera dagar, och jag är väldigt orolig för honom."

"Vi kan leta efter honom tillsammans," föreslog Evelina. "Två är bättre än en."

Orla nickade och tillsammans fortsatte de sin resa genom skogen. De följde stigen och ropade på Sammy. Efter ett tag kom de fram till en liten glänta där de såg en stor, gammal ek.

"Jag känner att Sammy är nära," sa Orla.

De gick närmare eken och hörde plötsligt ett svagt skrapande ljud. Evelina kikade in i ett hål i trädet och fann Sammy fastklämd mellan några grenar.

"Sammy, vi är här för att hjälpa dig!" ropade Orla.

Med hjälp av Evelinas smidiga fingrar lyckades de försiktigt befria Sammy. "Tack, tack så mycket!" sa Sammy lättat. "Jag har varit fast här i flera dagar."

Evelina och Orla log mot varandra. "Vi gjorde det," sa Evelina stolt.

"Men vårt äventyr är inte över än," sa Orla. "Det finns en gammal legend om en förtrollad kristall som kan ge otrolig kraft till den som finner den. Den är gömd någonstans i denna skog."

"Det låter spännande," sa Evelina. "Låt oss hitta den kristallen!"

Tillsammans med Sammy fortsatte de djupare in i skogen. De mötte olika utmaningar längs vägen: en ström som de behövde korsa, en hög klippa de behövde klättra uppför, och en gåtfull labyrint av buskar.

Men varje hinder stärkte bara deras vänskap och samarbete. Till slut nådde de en mystisk grotta som glittrade av ljus. De klev försiktigt in i grottan och där, på en piedestal, låg den förtrollade kristallen.

"Evelina, du hittade den!" utropade Sammy.

Evelina tog upp kristallen och kände en varm energi strömma genom kroppen. "Vi hittade den tillsammans," sa hon leende.

Plötsligt hörde de ett högt dån. Grottan började skaka och stora stenar föll från taket. "Vi måste ut härifrån!" ropade Orla.

Med kristallen i handen sprang de mot utgången. De hann precis ut ur grottan innan den kollapsade bakom dem. Andfådda men glada satte de sig på marken och skrattade.

"Vilket äventyr!" sa Evelina.

"Vi klarade det tack vare dig," sa Orla. "Du är verkligen modig."

Evelina log. "Jag kunde inte ha gjort det utan er."

Med kristallen i handen och nya vänner vid sin sida återvände Evelina till slottet. Hon berättade för sina föräldrar om äventyret och visade dem kristallen. Kungaparet var mycket stolta över sin dotters mod och osjälviskhet.

Från den dagen visste alla i riket att Prinsessan Evelina var en äkta hjälte. Hon fortsatte att utforska världen omkring sig, alltid redo för ett nytt äventyr. Och varje kväll, när solen gick ner, tänkte hon tillbaka på sitt stora äventyr och log. Hon visste att så länge hon hade modet att följa sitt hjärta, skulle inga gränser kunna stoppa henne.

Princess Evelina's Grand Adventure

Once upon a time, there was a little princess named Evelina. She lived in a big castle on top of a green hill, surrounded by a beautiful garden filled with flowers and trees. Evelina was a cheerful and brave girl who loved to explore the world around her. But life in the castle could sometimes get a little boring, and Evelina often dreamed of grand adventures.

One day, while Evelina was playing in the castle garden, she discovered something unusual. Behind a thick hedge, she found an old wooden gate that she had never seen before. Curious as she was, she opened the gate and stepped inside. On the other side of the gate was a secret path that wound deep into the forest.

"This is the beginning of my grand adventure," Evelina thought to herself and started to follow the path.

After a while, she heard a faint cry for help. She hurried in the direction of the sound and found a small owl trapped in a net.

"Please, help me!" the owl cried desperately.

Evelina didn't hesitate for a second. She quickly untangled the net and freed the owl. "Thank you so much," said the owl. "My name is Orla. What's your name?"

"My name is Evelina," the princess replied. "What were you doing in the net?"

"I was looking for my friend, the squirrel Sammy," Orla explained. "He has been missing for days, and I'm very worried about him."

"We can look for him together," Evelina suggested. "Two are better than one."

Orla nodded, and together they continued their journey through the forest. They followed the path and called out for Sammy. After a while, they came to a small clearing where they saw a large, old oak tree.

"I feel that Sammy is close," Orla said.

They approached the oak and suddenly heard a faint scratching sound. Evelina peeked into a hole in the tree and found Sammy wedged between some branches.

"Sammy, we're here to help you!" Orla shouted.

With the help of Evelina's nimble fingers, they carefully freed Sammy. "Thank you, thank you so much!" Sammy said with relief. "I've been stuck here for days."

Evelina and Orla smiled at each other. "We did it," Evelina said proudly.

"But our adventure isn't over yet," Orla said. "There is an old legend about an enchanted crystal that can give incredible power to the one who finds it. It is hidden somewhere in this forest."

"That sounds exciting," said Evelina. "Let's find that crystal!"

Together with Sammy, they ventured deeper into the forest. They faced various challenges along the way: a stream they had to cross, a high cliff they had to climb, and a puzzling maze of bushes.

But each obstacle only strengthened their friendship and cooperation. Finally, they reached a mysterious cave that glittered with light. They carefully stepped into the cave, and there, on a pedestal, lay the enchanted crystal.

"Evelina, you found it!" Sammy exclaimed.

Evelina picked up the crystal and felt a warm energy flow through her body. "We found it together," she said, smiling.

Suddenly, they heard a loud rumble. The cave began to shake, and large rocks fell from the ceiling. "We need to get out of here!" Orla shouted.

With the crystal in hand, they ran towards the exit. They just managed to get out of the cave before it collapsed behind them. Out of breath but happy, they sat down on the ground and laughed.

"What an adventure!" said Evelina.

"We did it thanks to you," said Orla. "You are truly brave."

Evelina smiled. "I couldn't have done it without you."

With the crystal in hand and new friends by her side, Evelina returned to the castle. She told her parents about the adventure and showed them the crystal. The king and queen were very proud of their daughter's bravery and selflessness.

From that day on, everyone in the kingdom knew that Princess Evelina was a true hero. She continued to explore the world around her, always ready for a new adventure. And every evening, when the sun set, she thought back to her grand adventure and smiled. She knew that as long as she had the courage to follow her heart, no boundaries could stop her.

Benny och Den Försvunna Honungen

———

I en färgglad och blomstrande trädgård bodde det en liten arbetsam bi som hette Benny. Benny var inte bara känd för sin arbetsamhet utan också för sin hjälpsamhet och vänlighet. Varje dag flög Benny runt bland blommorna, samlade nektar och gjorde sitt bästa för att skapa den mest utsökta honungen i hela trädgården.

Men en morgon när Benny vaknade, kände han något var fel. Han flög bort till sitt favoritställe för att samla nektar och märkte att honungskammaren i bikupan var tom. "Oh nej!" utropade Benny. "Var är all vår honung?"

Benny svängde upp i luften och flög runt hela trädgården för att se om han kunde hitta några ledtrådar. Han började med sina närmaste vänner – blommorna i trädgården. Först flög han till Ros, den vackra rosen som alltid hade den sötaste nektarn.

"Hej Ros," sa Benny. "Har du sett någon som har varit i närheten av vår honungskammare?"

Ros ruskade på sina kronblad. "Nej, Benny, jag har inte sett något misstänkt. Men kanske har Lilja sett något. Hon brukar vara väldigt observant."

Benny tackade Ros och flög vidare till Lilja, den kloka liljan som stod vid trädgårdens kant. Lilja var känd för att alltid ha koll på allt som hände i trädgården.

"Hej Lilja," sa Benny. "Har du sett något konstigt nyligen? Vår honung är borta!"

Lilja rynkade sina kronblad i tankfullhet. "Ja, faktiskt, jag såg en stor grön skugga röra sig snabbt genom trädgården i morse. Det kan ha varit något som är värt att undersöka."

"En stor grön skugga?" sa Benny. "Det låter mystiskt. Jag måste undersöka detta vidare."

Med den nya ledtråden i åtanke, flög Benny till den stora ek som stod i trädgårdens centrum. Han visste att ekens grova bark ofta gömde olika hemligheter. Han började leta bland grenar och löv när han plötsligt hörde ett skratt från ovan.

"Titta på mig! Titta på mig!" ropade en röst från ett av trädet. Benny såg upp och fick syn på en liten, busig grön groda som hoppade från gren till gren.

"Hej där!" sa Benny. "Har du sett någon som har varit runt här? Vår honung är försvunnen!"

Den gröna grodan hoppade ner och landade med ett plask i en pöl. "Jag har inte sett någon honung," sa grodan med ett snett leende. "Men jag såg en stor, röd fluga som flög bortåt mot den gamla ladan."

"En stor, röd fluga?" undrade Benny. "Tack för tipset. Jag måste kolla upp det."

Benny flög snabbt mot den gamla ladan som låg i utkanten av trädgården. När han kom dit, såg han en flock flugor som flög omkring och surrade högljutt. Benny närmade sig försiktigt och såg att en av flugorna, mycket större än de andra, satt på en hög med något som såg ut som en gammal, smutsig påse.

"Hej!" ropade Benny. "Vad gör du med den där påsen? Är det vår honung?"

Flugan, som var mycket större och mer skrämd än de andra, flög upp och började viftande. "Nej, nej, det är inte er honung! Jag hittar bara något för att ta mig igenom den här gamla ladan!"

Benny inspekterade påsen närmare och upptäckte att den var fylld med blommor, men ingen honung. Han började tänka efter när han plötsligt fick syn på något glänsande i ett hörn av ladan. Han flög dit och upptäckte en liten burk med lock som var täckt av honungskristaller.

"Det här ser ut som vår honung!" utropade Benny. "Men hur kom den hit?"

Benny började undersöka området omkring burken och såg att det fanns små fotspår på marken som ledde till ett litet hål i ladan. Han följde spåren och kom fram till en liten säng av löv där han fann en liten, sorgsen mus som satt och såg väldigt ångerfull ut.

"Hej där," sa Benny vänligt. "Vad har hänt? Och varför har du vår honung?"

Musen såg upp med stora ögon. "Jag är så ledsen! Jag var hungrig och hittade burken med honung. Jag ville bara smaka lite, men jag visste inte att det var ert. Jag tänkte inte på att det skulle göra någon skada."

Benny kände medlidande med den lilla musen. "Vi har alla varit hungriga någon gång. Men vi måste ha vår honung tillbaka, så att vi kan göra mer och ge till alla i trädgården."

Musen nickade. "Jag förstår. Jag lovar att ge tillbaka allt jag tog."

Benny och musen tillsammans bar tillbaka burken med honung till bikupan. De var glada över att återfå sin honung, och musen lovade att vara mer försiktig i framtiden.

När Benny kom tillbaka till trädgården, samlades alla blommor och insekter för att fira. De var så glada att Benny hade löst mysteriet och återfått den försvunna honungen.

Benny kände sig stolt över att ha löst mysteriet, men han visste att det var genom vänskap och samarbete som de hade lyckats. Från den dagen såg alla i trädgården på Benny som en hjälte, och han fortsatte att flyga omkring, sprida glädje och göra den mest utsökta honungen.

Och varje gång Benny flög över trädgården, visste han att även om äventyr ibland kunde vara skrämmande, var det alltid värt det för att hjälpa en vän och göra världen till en bättre plats.

Benny and the Missing Honey

In a colorful and blooming garden lived a hardworking little bee named Benny. Benny was not only known for his diligence but also for his helpfulness and kindness. Every day, Benny flew among the flowers, gathering nectar and doing his best to make the most delicious honey in the entire garden.

But one morning when Benny woke up, he felt that something was wrong. He flew to his favorite spot to gather nectar and noticed that the honey chamber in the hive was empty. "Oh no!" exclaimed Benny. "Where is all our honey?"

Benny took to the air and flew around the entire garden to see if he could find any clues. He started with his closest friends – the flowers in the garden. First, he flew to Rose, the beautiful rose that always had the sweetest nectar.

"Hello Rose," said Benny. "Have you seen anyone near our honey chamber?"

Rose shook her petals. "No, Benny, I haven't seen anything suspicious. But maybe Lily has seen something. She's very observant."

Benny thanked Rose and flew on to Lily, the wise lily standing at the edge of the garden. Lily was known for always keeping an eye on everything that happened in the garden.

"Hello Lily," said Benny. "Have you seen anything strange lately? Our honey is gone!"

Lily furrowed her petals in thought. "Yes, actually, I saw a large green shadow moving quickly through the garden this morning. It might be worth investigating."

"A large green shadow?" wondered Benny. "That sounds mysterious. I need to check it out."

With the new clue in mind, Benny flew to the large oak tree standing in the center of the garden. He knew that the oak's rough bark often hid various secrets. He began searching among the branches and leaves when he suddenly heard a laugh from above.

"Look at me! Look at me!" shouted a voice from one of the branches. Benny looked up and saw a small, mischievous green frog hopping from branch to branch.

"Hello there!" said Benny. "Have you seen anyone around here? Our honey is missing!"

The green frog jumped down and landed with a splash in a puddle. "I haven't seen any honey," said the frog with a crooked smile. "But I saw a big red fly flying away towards the old barn."

"A big red fly?" Benny wondered. "Thanks for the tip. I need to check that out."

Benny flew quickly to the old barn on the edge of the garden. When he arrived, he saw a swarm of flies buzzing around loudly. Benny approached cautiously and saw that one of the flies, much larger than the others, was sitting on a pile of something that looked like an old, dirty bag.

"Hey!" shouted Benny. "What are you doing with that bag? Is it our honey?"

The fly, which was much larger and more frightened than the others, buzzed up and started flapping. "No, no, it's not your honey! I'm just trying to find something to help me get through this old barn!"

Benny examined the bag more closely and discovered it was filled with flowers, but no honey. He began to think when he suddenly spotted something shiny in a corner of the barn. He flew over and discovered a small jar with a lid covered in honey crystals.

"This looks like our honey!" Benny exclaimed. "But how did it get here?"

Benny began to investigate the area around the jar and saw that there were small footprints on the ground leading to a small hole in the barn. He followed the tracks and came to a little bed of leaves where he found a small, sad mouse sitting and looking very remorseful.

"Hello there," said Benny kindly. "What happened? And why do you have our honey?"

The mouse looked up with big eyes. "I'm so sorry! I was hungry and found the jar of honey. I just wanted to taste a little, but I didn't know it was yours. I didn't think it would cause any harm."

Benny felt sympathy for the little mouse. "We've all been hungry at some point. But we need our honey back so we can make more and share it with everyone in the garden."

The mouse nodded. "I understand. I promise to return everything I took."

Benny and the mouse together carried the jar of honey back to the hive. They were happy to get their honey back, and the mouse promised to be more careful in the future.

When Benny returned to the garden, all the flowers and insects gathered to celebrate. They were so happy that Benny had solved the mystery and retrieved the missing honey.

Benny felt proud to have solved the mystery, but he knew it was through friendship and teamwork that they had succeeded. From that day on, everyone in the garden looked up to Benny as a hero, and he continued to fly around, spreading joy and making the most delicious honey.

And every time Benny flew over the garden, he knew that even though adventures could sometimes be scary, it was always worth it to help a friend and make the world a better place.